SALVANDO

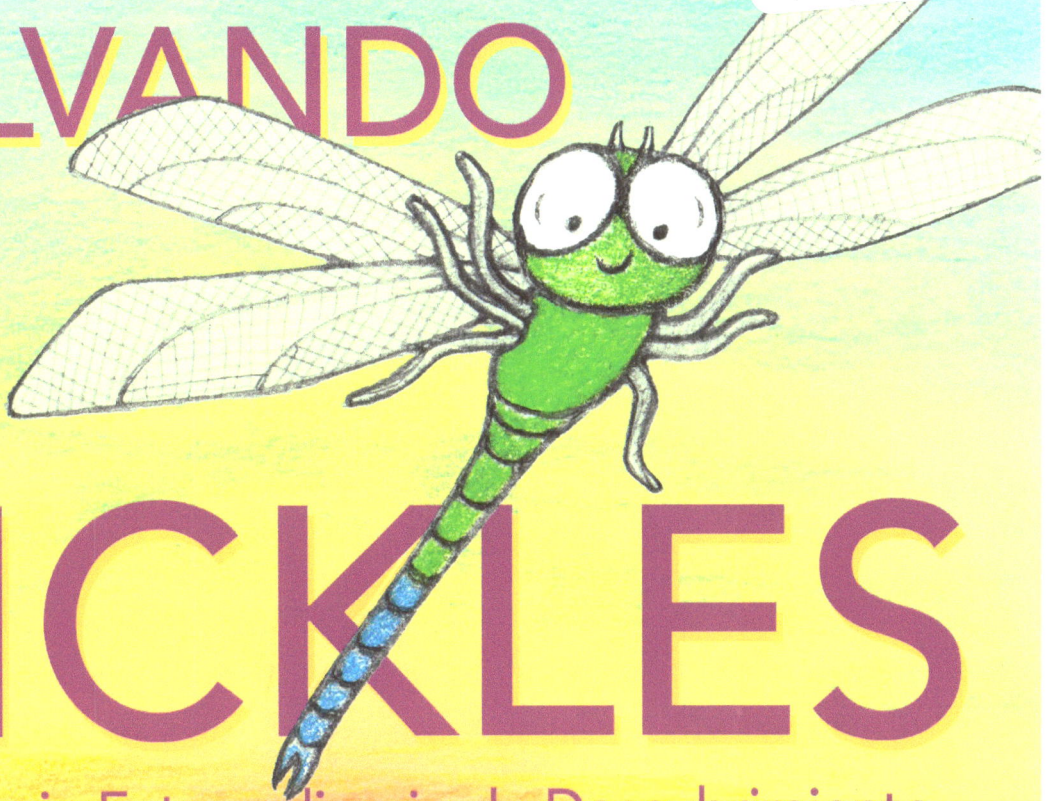

PICKLES

una Historia Extraordinaria de Descubrimiento

by Marilynn Barr

LAB202302SP

LITTLE
ACORN
BOOKS

Incluye
Proyectos
Prácticos

SALVANDO PICKLES
una Historia Extraordinaria de Descubrimiento
presentando

Pequeños Proyectos Para Manos Pequeñas
by Marilynn Barr

- Dos proyectos prácticos están incluidos en el reverso de este libro.

- Cada proyecto está diseñado con direcciones y patrones para cortar.

- Cada proyecto cuenta con un logotipo alerta, *Hecha una mano*, para ayudantes adultos. ✋ Hecha una mano.

- Los estudiantes principiantes y avanzados pueden necesitar ayuda para completar cualquier proyecto.

- Los íconos de tijera ✂ identifican los patrones a separar.

LAB202302SP
ISBN
978-1-946557-11-7

Published by
Little Acorn Books™
Greensboro, NC

an imprint of
Little Acorn Associates, Inc.
Promoting Early Skills for a Lifetime™
https://www.littleacornbooks.com

Dedicado a Mis Nietas

~

Gracias a la British Dragonfly Society y a la Dragonfly Society of the Americas por el permiso para incluir información de sus respectivos sitios web para compartir ingenio.

~

Cuando era joven, era un fanático de los insectos. Jugué con bichos espeluznantes en el patio de recreo en Riverside Park, pero las libélulas siempre me pusieron nerviosa y no sé cuándo los insectos se volvieron asquerosos, pero...

~

Desde unas vacaciones familiares en particular, descubrí hechos fascinantes sobre libélulas y caballitos del diablo. Y para ser honesto, estoy emocionada de compartir lo que aprendí. ¿Sabías que las libélulas y los caballitos del diablo tienen hasta 30,000 lentes oculares? ¡Es extraordinario!

~

Marilynn Barr nació y creció en la ciudad de Nueva York.
Hoy vive y trabaja en Carolina del Norte.
Le encanta pintar, dibujar, trabajar con arcilla, coser,
aprender cosas nuevas y sobre cosas viejas.
Y crea libros para niños pequeños, siempre
promoviendo habilidades tempranas para toda la vida™.

Para más información acerca de
libélulas y caballitos del diablo
Visite

Sociedad Británica de Libélulas
https://libélulas-británicas.org.uk

y el

Sociedad de la Libélula de las Américas
https://www.dragonflysocietyamericas.org

Hace nueve o diez años,
durante unas vacaciones familiares,
cuando una nube negra condujo a
una historia extraordinaria de descubrimiento.

Dos autos empacados más apretados que
una caja de crayones con tres adultos y cuatro niñas;
muchas maletas, y cajas llenas de comida;
mantas y almohadas; animales de peluche,
juguetes acuáticos, sillas de playa, y más
llegaron a la playa en la costa de Carolina del Norte.

No importaba lo que trajimos con nosotros
porque el objetivo final era, divertirnos
en la arena y el agua salada.

El segundo día,
en algún momento después de la cena,
vi como Sarah detuvo su bicicleta,
y gritó, "¡Mira!"

Casi en el mismo momento,
Sky preguntó. "¿Qué es eso?"

"Creo que es una libélula", respondí.

Sarah trepó a la cubierta,
señalando, y siguió gritando,
"¡Mira, mira, mira!"

Avery corrió hacia la ventana
para ver algunas libélulas
pasar zumbando.

Una nube negra se movía hacia nosotros,
desde el norte y el cielo directamente
sobre nosotros oscureció lo suficiente como
para que se encendieran las luces de la cubierta.

Ashton gritó,

"¡Es una mafia!"

mientras subía corriendo

las escaleras de la cubierta.

Más de cien, tal vez mucho más de mil,
de libélulas pasaron zumbando a todos.

La mafia maniobró a la izquierda,
a la derecha,
y sobre nuestras cabezas.

Sin embargo,
ninguna libélula se estrelló contra
ninguno de nosotros,
ni siquiera en Skyler
quien agitaba los brazos
para mantenerlos alejados.

Tan rápido como se acercó,
la nube negra, "la mafia,"
se había ido.

"¡Oh, no!" gritó Ashton,

Hay uno, atrapado

dentro de la luz de la cubierta.

Sí, había una sola libélula.
atrapada en la luz de la cubierta.

Tal vez hizo un giro equivocado.
Tal vez se dio la vuelta en la mafia.
La multitud se movía tan rápido.
Tal vez fue una de las libélulas
más jóvenes que no tenía mucha
experiencia volando con la mafia.

De cualquier manera,
no pudo encontrar la salida y
seguramente la bombilla
se estaba calentando.

Bueno, no soy una fanática de los insectos.
Ashton tampoco.

Julie, la mamá de la niña,
nos escuchó graznar
sobre quién liberaría a la libélula
antes de que fuera demasiado tarde.
"¡Hazlo tú!" "¡No, tú lo haces!"

"¿Qué está pasando?" Ella preguntó.

Ambos nos detuvimos
y sin una sola palabra,
señaló hacia la luz de la cubierta.

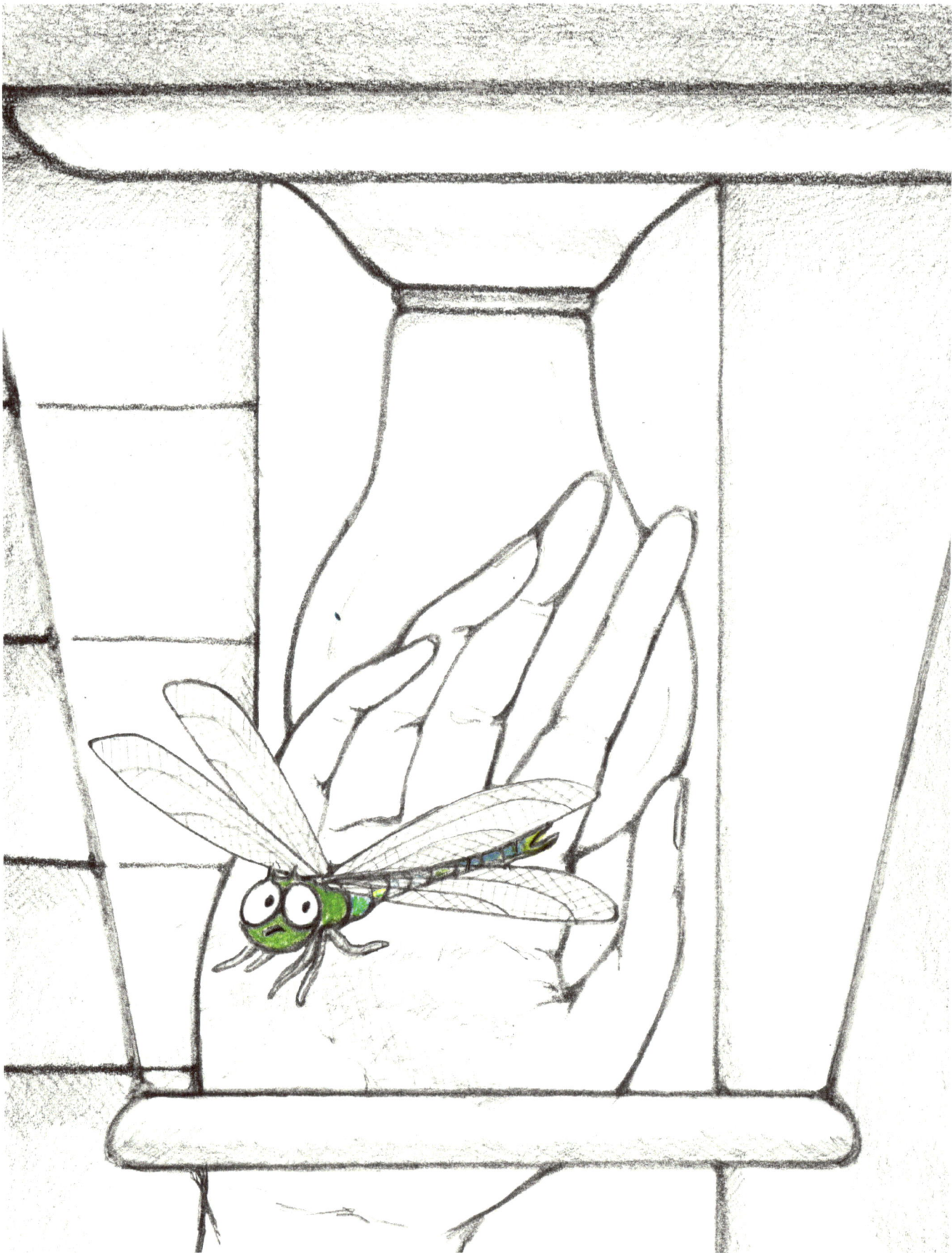

Julia se rió,
se acercó a la luz de la cubierta,
alcanzó el interior,
y recogió la libélula a la libertad.

Las chicas vitorearon
como la libélula.
voló por la cubierta.

Dije, "Deberíamos darle
un nombre a ese pequeño".
Skyler inmediatamente gritó,
"¡Vamos a llamarlo Pickles!"

Y así, Pickles flotaba
por solo un segundo entonces
dio la vuelta y voló hacia
ponerse al día con la mafia.

Las chicas preguntaron,

"¿Crees que Pickles encontrará a los demás?"

"¿De a dónde vienen?"

"¿Y a dónde van?"

Nunca sabremos las respuestas a esas preguntas,

pero por el resto de los días de vacaciones y

cuando volvimos a casa, busqué y

descubrí hechos extraordinarios sobre *Odonata*.

DATOS DE ODONATA
Acerca de los Caballitos del Diablo y las Libélulas

¿Sabías?

☐ *Odonata* es un orden o superfamilia de insectos voladores.

☐ Hay dos subórdenes o familias más pequeñas de *Odonata*: *libélulas* y *caballitos del diablo*.

☐ Las libélulas son miembros más grandes y robustos de la suborden *Anisoptera*, que significa "alas diferentes."

☐ Los caballitos del diablo son flacos y miembros de la suborden *Zygoptera*, que significa "mismas alas."

☐ Las libélulas y los caballitos del diablo no tienen una *etapa de pupa* como otros grupos de insectos.

☐ Los nuevos adultos se llaman *tenerales*.

☐ Las libélulas no muerden, ni pican, y no atacan a la gente.

☐ Ambos viven bajo el agua en estanques, ríos y arroyos. como *ninfas*, también llamadas *larvas* o *náyades*.

☐ Ambos son carnívoros y utilizan sus mandíbulas inferiores para atrapar presas.

DATOS DE ODONATA

Acerca de los Caballitos del Diablo y las Libélulas

- ☐ Las libélulas y los caballitos del diablo tienen ojos compuestos con hasta 30.000 lentes y ambos tienen una vista excelente.

- ☐ Los ojos de una libélula son muy grandes y por lo general se envuelven y tocan en el parte superior de su cabeza redonda.

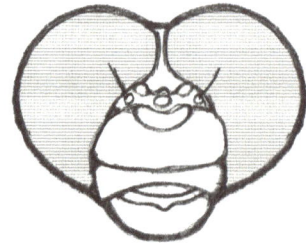

- ☐ Los ojos de un caballito del diablo también son muy grandes pero nunca tocar

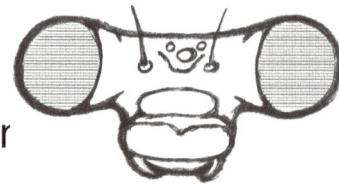

- ☐ Las libélulas y los caballitos del diablo tienen dos (2) antenas muy cortas.

- ☐ La sección larga que parece una cola es en realidad el *abdomen* que es flexible y tiene 10 segmentos. Éste es el centro de procesamiento de alimentos y reproducción de libélulas y caballitos del diablo.

- ☐ Uno podría llamar al *tórax* de una libélula una central eléctrica porque sostiene su cabeza, las patas, y alas.

DATOS DE ODONATA

Anisoptera = Diferentes Alas

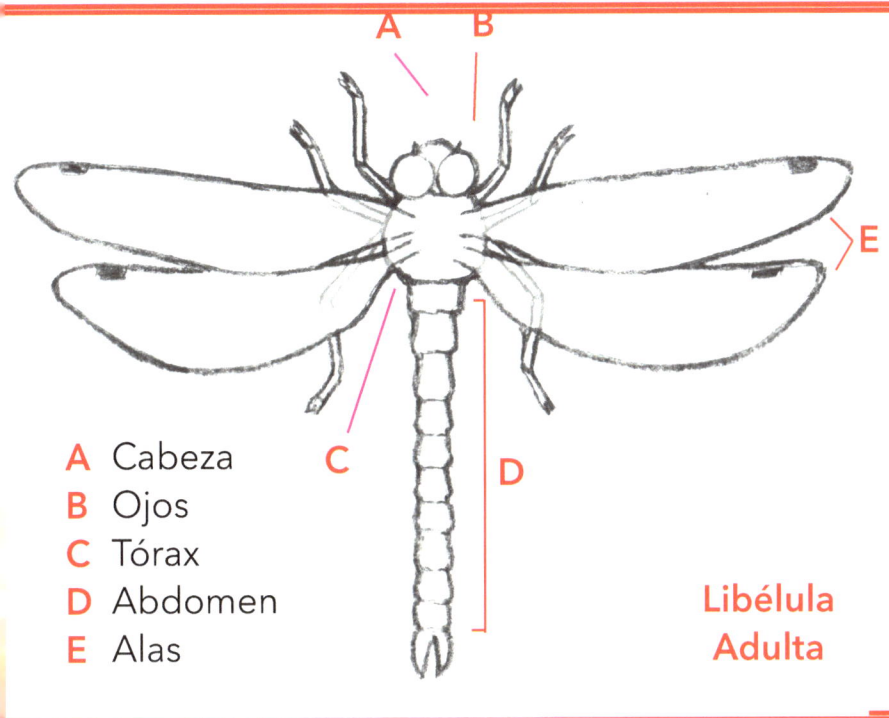

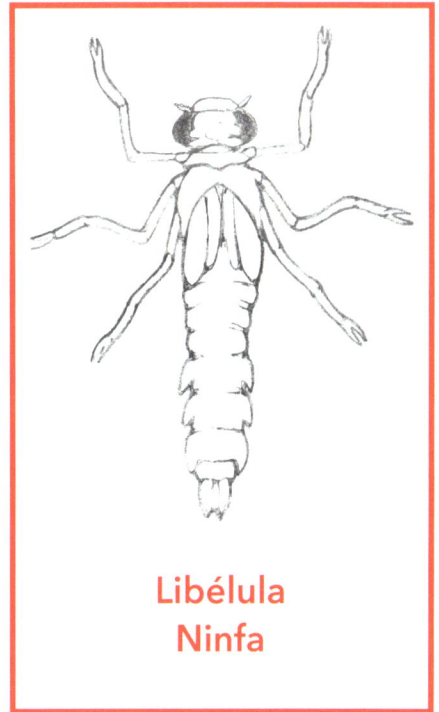

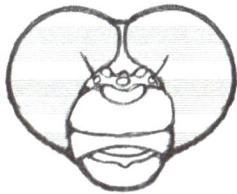

A Cabeza
B Ojos
C Tórax
D Abdomen
E Alas

Libélula Adulta

Libélula Ninfa

Ojos
Los ojos de una libélula son muy grandes y generalmente se envuelven y tocan en la parte superior de su cabeza redonda.

Antenas
Las libélulas tienen dos antenas muy cortas.

Estructura
Como todos los insectos, las libélulas tienen seis patas. El cuerpo de una libélula se compone de tres (3) segmentos, la *cabeza*, el *tórax* y un *abdomen* que tiene diez (10) segmentos..

Alas
Las alas de una libélula son transparentes. Sus alas traseras son más cortas y anchas que sus alas delanteras. Cuando está en reposo sus alas están extendidas.

Larvas, Ninfa, o Náyade
Las ninfas libélulas viven la mayor parte de sus vidas, bajo el agua.

Adultos
Los nuevos adultos se llaman *tenerales* y cambian de color a medida que crecen.

DATAS DE CABALLITO DEL DIABLO

Zygoptera = Mismas Alas

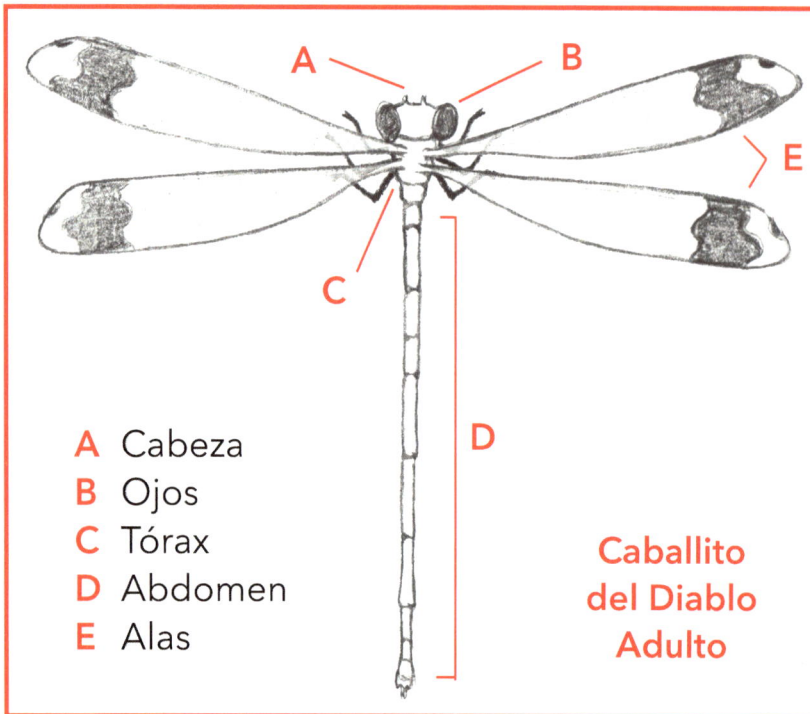

A — señala la cabeza
B — señala los ojos
E — señala las alas
C — señala el tórax
D — señala el abdomen

A **Cabeza**
B **Ojos**
C **Tórax**
D **Abdomen**
E **Alas**

Caballito del Diablo Adulto

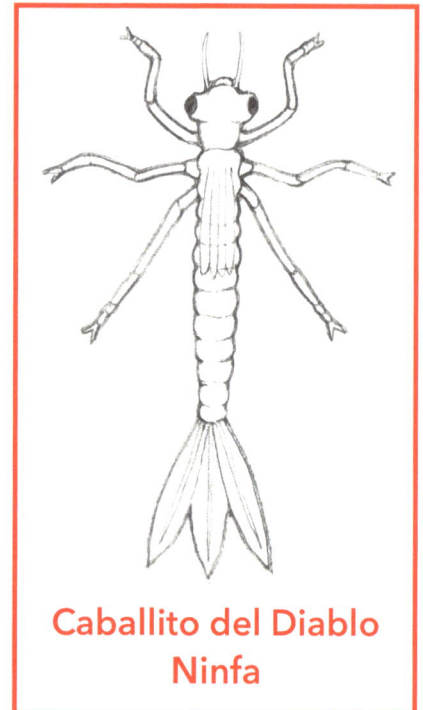

Caballito del Diablo Ninfa

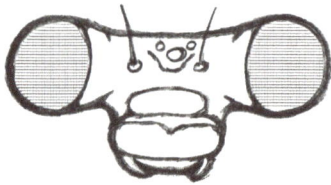

Ojos

Los ojos de un caballito del diablo son muy grandes y nunca se tocan.

Antenas

Los caballitos del diablo tienen dos antenas muy cortas.

Estructura

El cuerpo de un caballito del diablo se compone de tres (3) segmentos, la *cabeza*, el *tórax* y un *abdomen* que tiene diez (10) segmentos. Como todos los insectos, caballitos del diablo tienen seis patas.

Alas

Las alas del caballito del diablo son transparentes e iguales en tamaño y forma. Cuando un caballito del diablo está en reposo, sus alas se pliegan juntas, por encima o sobre su abdomen.

Larvas, Ninfa, o Náyade

Las ninfas libélulas viven la mayor parte de sus vidas, bajo el agua.

Adultos

Los nuevos adultos se llaman *tenerales* y cambian de color a medida que crecen.

DATOS DE ODONATA

Acerca de los Caballitos del Diablo y las Libélulas

☐ El prehistórico más grande libélula es el *Pérmico Meganeuropsis Permiana*. Tenía una envergadura de 27 a 29 pulgadas o 70 a 75 centímetros. Eso es casi como ancho como un siglo XXI tabla de skate.

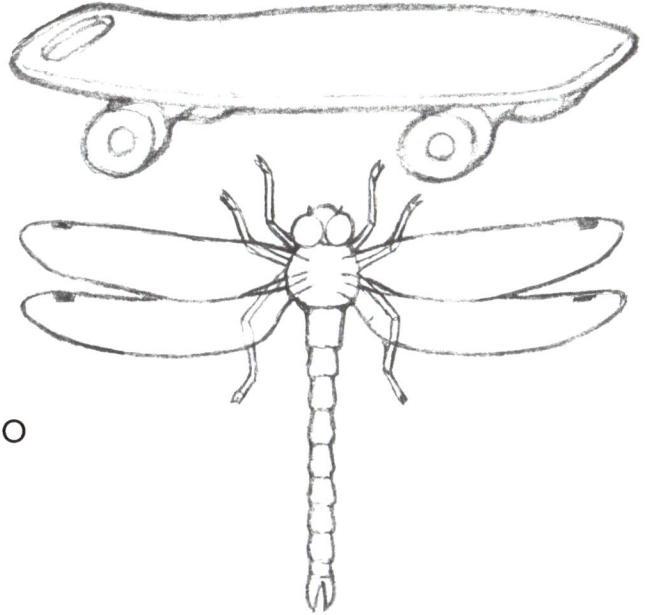

☐ Hoy, el más grande caballito del diablo es el *Megaloprepus Coeralatus*. Se encuentra en América Central. Tiene una envergadura sobre 7 pulgadas o 19 centímetros. Eso es más ancho que un billete de dólar de los Estados Unidos.

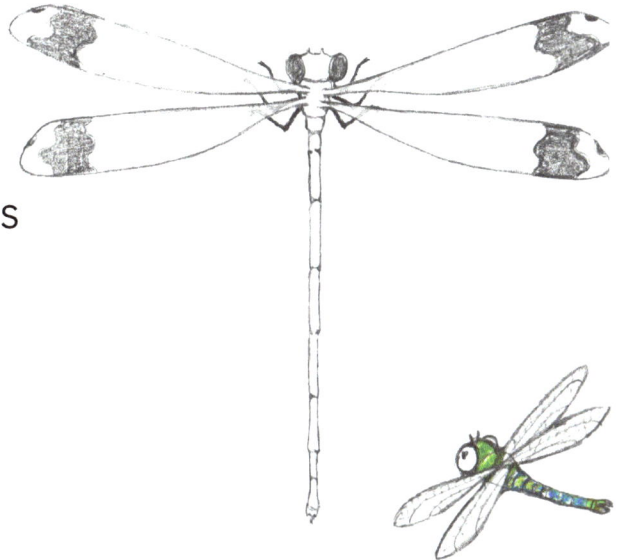

DATOS DE ODONATA

Acerca de los Caballitos del Diablo y las Libélulas

La *Enana Escarlata* es la libélula más pequeña encontrado en el este de Asia. Su envergadura es un poco más de 3/4 de pulgada o 20 milímetros. Eso es casi del tamaño de una moneda de cinco centavos de los Estados Unidos.

Las libélulas pueden volar hasta 35 millas por hora o 54 kilómetros.

Algunas libélulas pueden viajar hasta 11,000 millas o 18,000 kilómetros, en un vuelo. ¡Imagina eso! Una libélula podría viajar desde Carolina del Norte en Estados Unidos hasta la Isla de Navidad, una distancia de 10,164 millas o 16,358 kilómetros.

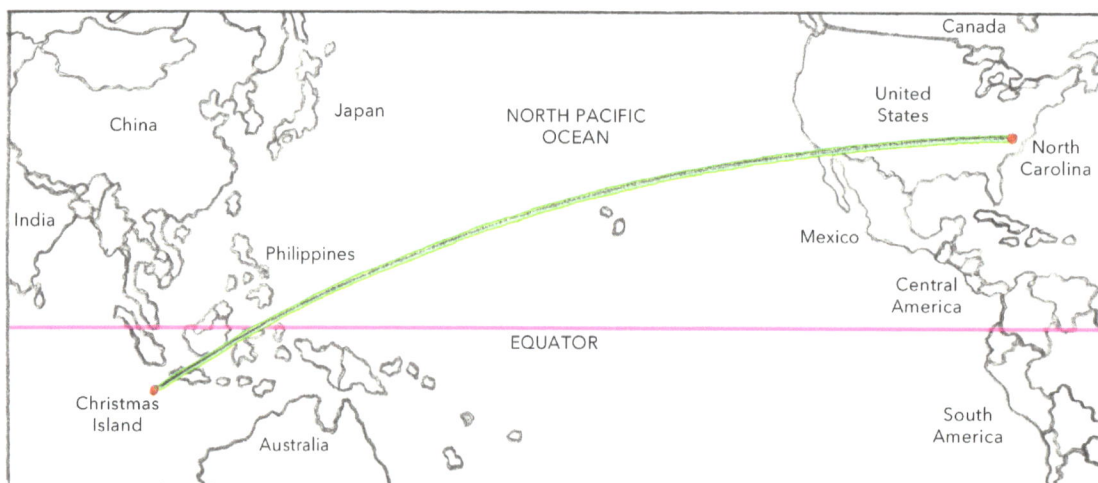

Y las libélulas migran. Hay pocos datos para explicar por qué, pero muchos siguen investigando.

PROYECTO DE CABALLITO DEL DIABLO

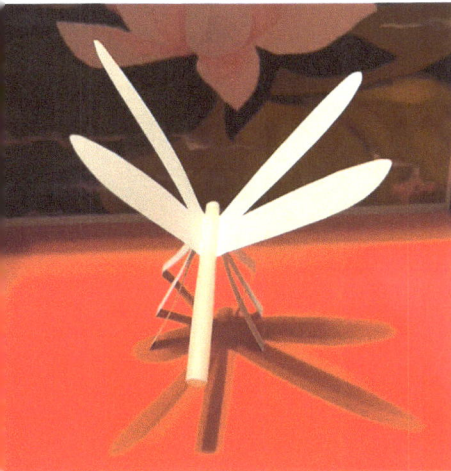

✋ Hecha una mano.

Que Necesitas:

Patrones de Caballito del Diablo (p. 47)
una pajita
tijeras
gobernante
lápiz
engrapadora

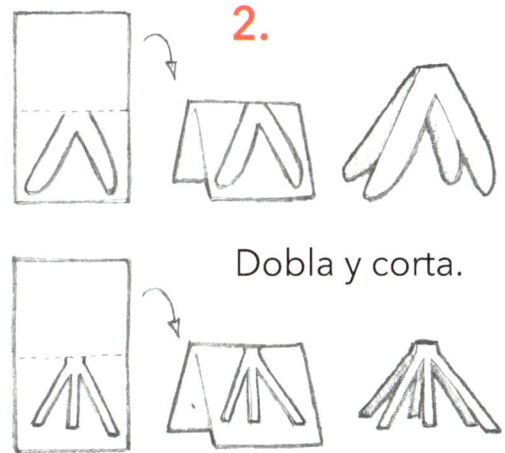

2.

Dobla y corta.

Qué Haces:

1. Corta los Patrones de Caballitos del Diablo.
2. Dobla cada patrón por la mitad como se muestra aquí y cortar.
3. Corta una pajita por la mitad.
4. Use un lápiz para doblar cada lado de un extremo de la pajilla como se muestra aquí.
5. Haz un corte a lo largo de cada pliegue.
6. Engrapa los patrones de las alas y las patas juntos a lo largo de la línea de plegado.
7. Deslice las alas y las patas en la ranura.

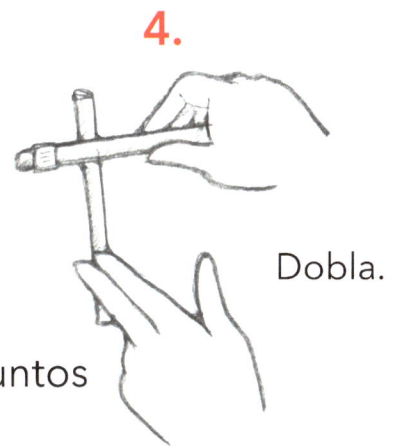

4.

Dobla.

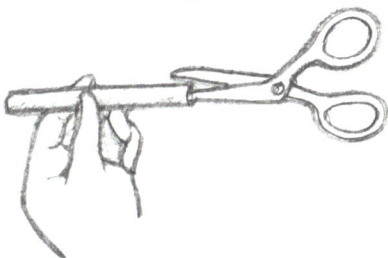

5.

Haz un corte.

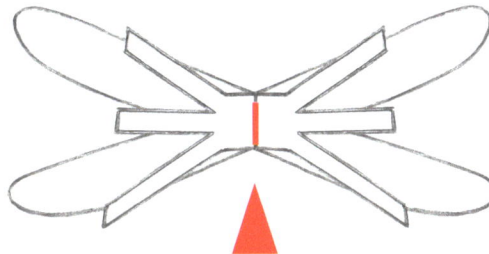

6.

Engrapa.

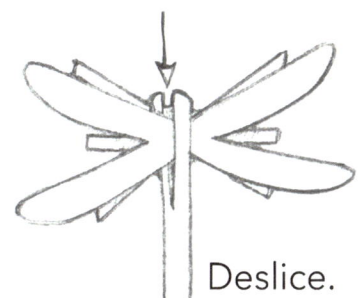

7.

Deslice.

PROYECTO DE CABALLITOS DEL DIABLO

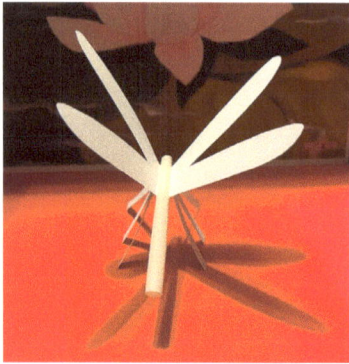

Qué Haces: (continuación)

8. Dobla cada juego de alas como se muestra a continuación.

9. Doble cada juego de patas como se muestra a continuación.

10. Coloque las alas y las patas para mostrar tu caballito del diablo.

Nota: Las alas pueden quedar planas, como si estuvieran en vuelo, o doblado, como si estuviera en reposo.

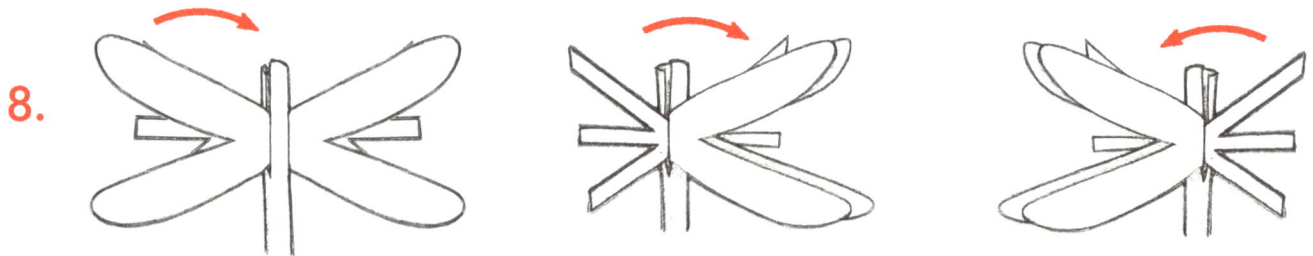

8.

Dobla cade juego de alas.

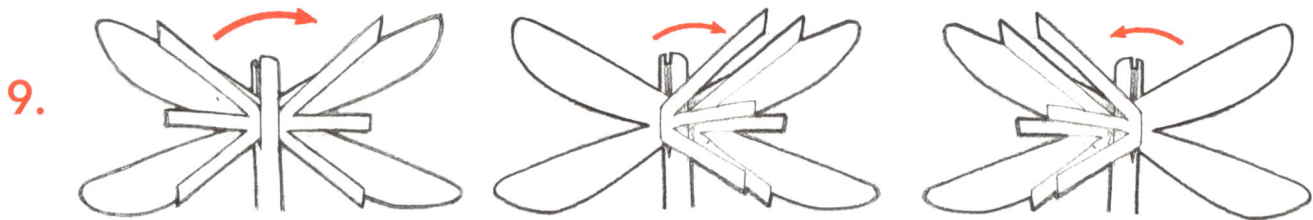

9.

Doble cada juego de patas.

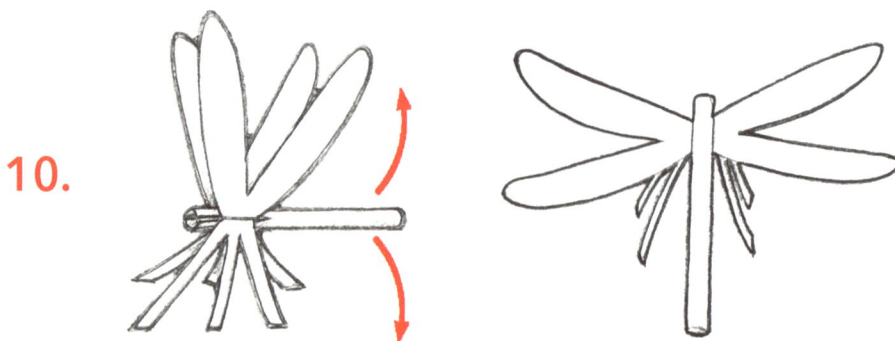

10.

Coloque las alas y las patas.

PATRONES DE CABALLITO DEL DIABLE

ALAS

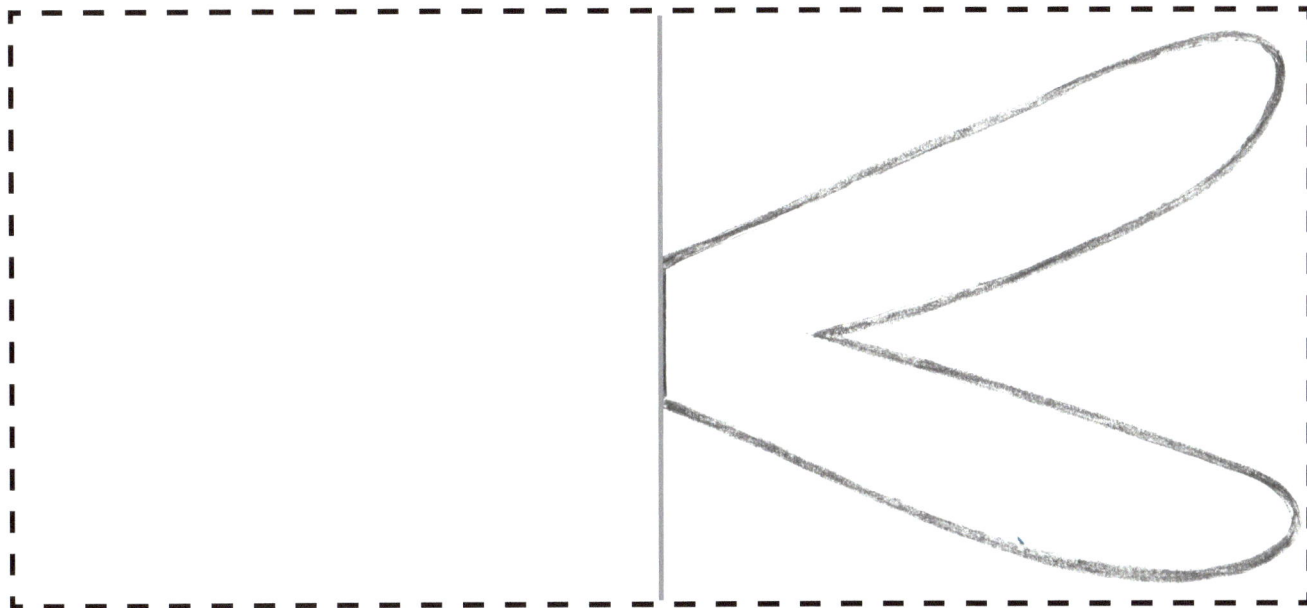

Corta por la línea de puntos. Luego dobla y corta las alas como se muestra aquí.

PATAS

Corta por la línea de puntos. Luego dobla y corta las patas como se muestra aquí.

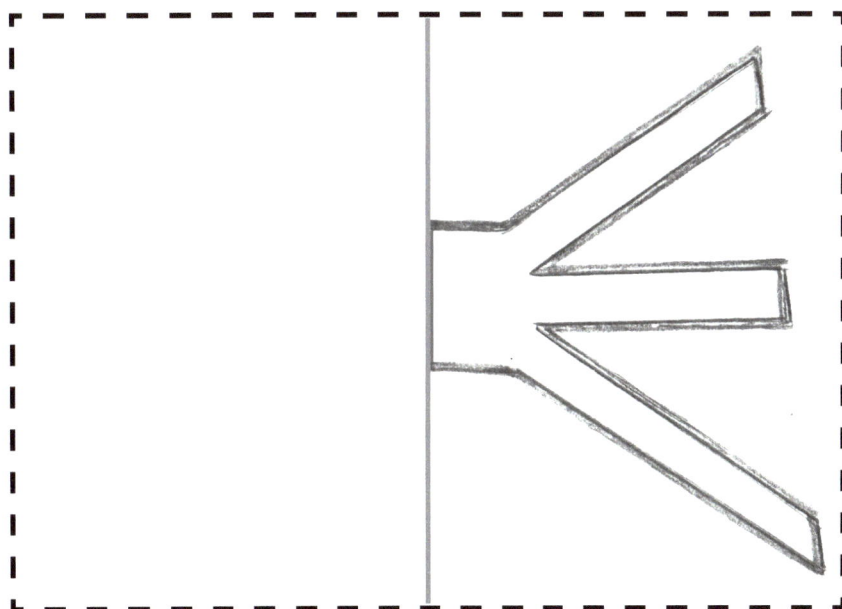

ISBN 978-1-946557-10-0 • SAVING PICKLES

LAB202302EP • Little Acorn Books

Esta página está intencionalmente en blanco.

PROYECTO DE LIBÉLULA PICKLES

Que Necesitas:

Patrón de Libélula de Pickles (p. 51)
lápices de color
pintura (opcional)
tijeras
pegamento
pinza de ropa
tubo de toalla de papel

Nota:
Hay dos (2) patrones en la página 51. Comparte uno con un amigo.

Qué Haces:

1. Colorea y corta un Patrón de Libélula de Pickles.
2. Usa crayones o pintura para colorear un tubo de toallas de papel.
3. Aplique pegamento a un lado plano de una pinza.
4. Fije la pinza para la ropa (con el lado del pegamento hacia abajo) en la parte posterior de tu libélula.
5. Pellizque la pinza para sujetar su libélula al tubo de toalla de papel.

3. y 4.

5.

Opción:

Adjunte su libélula a una cortina o en una pantalla de lámpara.

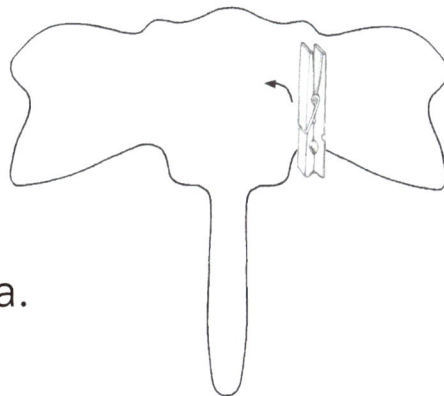

Aplica pegamento y unir.

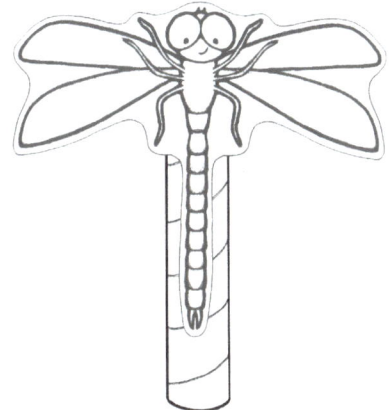

Pellizca y sujeta.

Esta página está intencionalmente en blanco.

PATRONES DE LIBÉLULA PICKLES

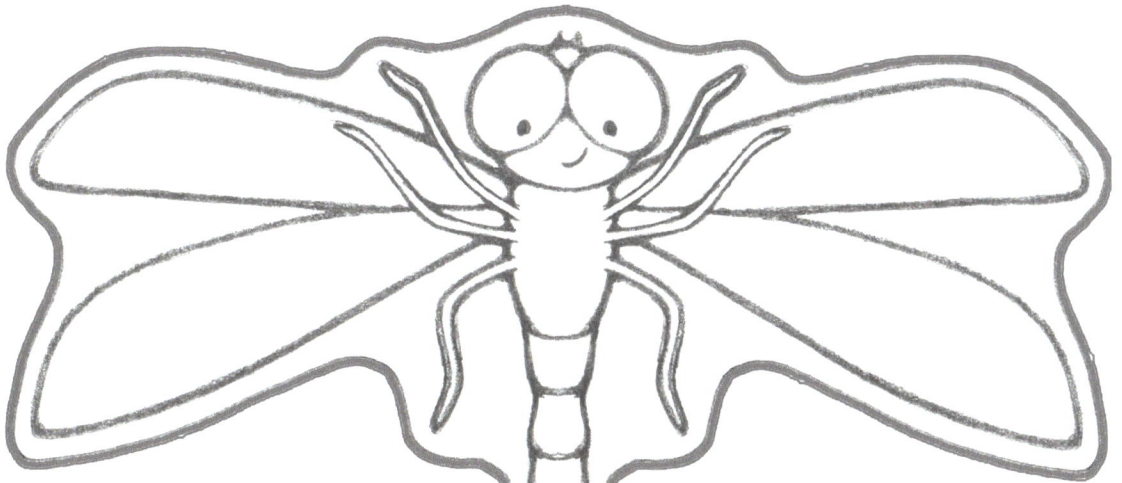

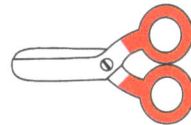

Corta a lo largo del contorno en negrita.

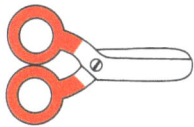

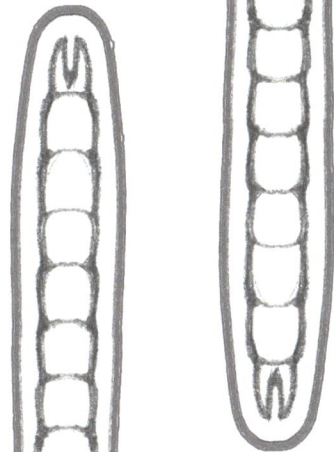

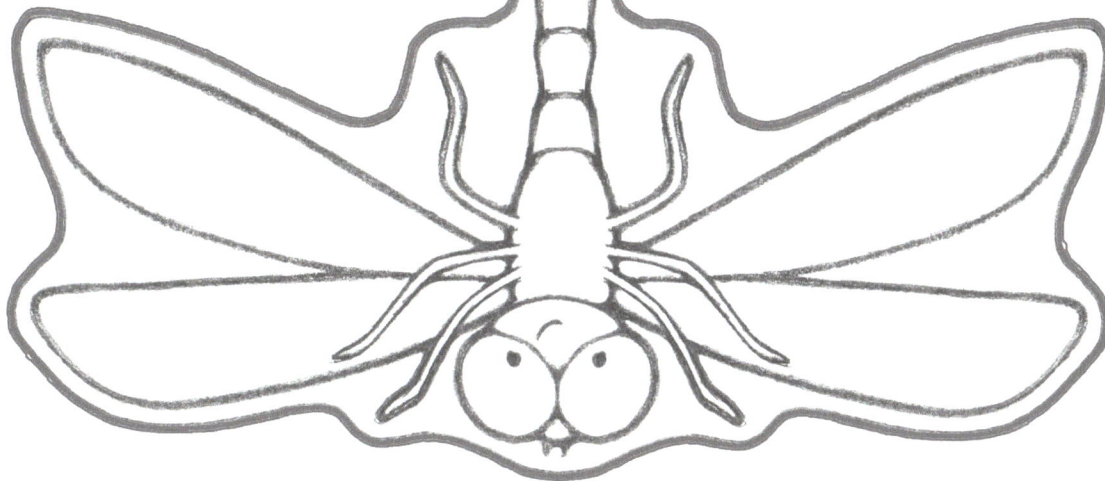

Corta a lo largo del contorno en negrita.

SALVANDO
PICKLES

una Extraordinaria Historia de Descrubrimiento

by Marilynn Barr

- ¿Sabes qué tamaño tenía una libélula prehistórica?

- ¿Sabes dónde está hoy, el caballito del diablo más grande?

- ¿Sabes dónde encontrar la libélula más pequeña?

- ¿Sabes cuánto puede viajar una libélula?

- ¿Sabes que las libélulas migran?

¡Es extraordinario!

Mire adentro para aprender más.

LAB202302SP

Includes Hands-On Projects

www.ingramcontent.com/pod-product-compliance
Lightning Source LLC
Chambersburg PA
CBHW060823270326
41931CB00002B/59